AF244383

RAPPORT

DES

OPÉRATIONS

DE LA

DIVISION

DU

LIEUTENANT - GÉNÉRAL

DAENDELS.

RAPPORT

DES

OPÉRATIONS

DE LA

DIVISION

DU

LIEUTENANT-GÉNÉRAL

DAENDELS;

*Depuis le 22 Août, jusqu'à la capitu-
lation de l'Armée Angloise et Russe,
le 18 Octobre 1799. An 5.*

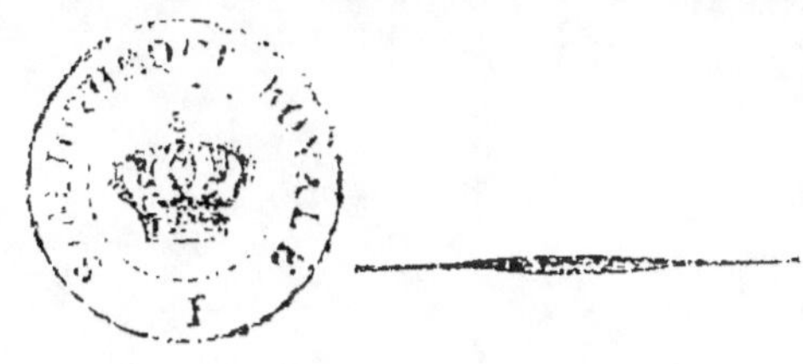

A LA HAYE,

CHEZ J. VAN CLEEF, Libraire,

1799.

RAPPORT des opérations de la division du lieutenant - général DAENDELS, depuis le 22 Août, jusqu'à la capitulation de l'armée *Angloise* et *Russe*, le 18 Octobre 1799. an 5.

Le 22 Août, le gouvernement batave, ayant appris la nouvelle, que la flotte angloise avoit paru en face de la passe du *Texel*; qu'elle avoit fait à l'amiral STORY, et au colonel GILQUIN la sommation, qui depuis a été publiée, le lieutenant général DAENDELS reçut ordre du général en chef BRUNE et du ministre de la guerre de partir sur le champ pour la Nord-Hollande ; et d'y réunir les troupes de sa division. Une partie y étoit déjà cantonnée, sous les ordres du général major VAN GUERICKE.

Le lieutenant général partit dans la nuit du 22 au 23 Août. Avant son départ, il donna ordre à deux bataillons de la 1re. demi-bri-

A

gade, en garnison à *la Haye*, et à deux escadrons du 1er. régiment de cavalerie et 6 pièces de campagne, de se mettre en marche pour *Harlem*, et d'y rester, ainsi que l'ordre du général en chef le portait, pour y former un corps de reserve. Il expédia aussi des ordres au général major Zuilen van Nyevelt, pour qu'il mit en mouvement le restant de sa brigade, et qu'il la fit arriver promptement dans la Nord-Hollande, par les moyens de transport par eau et par terre, que le lieutenant général avoit fait préparer longtems d'avance.

Le 23 au soir, le lieutenant général arriva à *Schagerbrug*, où le général major van Guericke avoit son quartier-général : sa brigade étoit compofée des

2me. Bataillon de chasseurs.

5me. Demi-brigade.

7me. Demi-brigade.

1er. Bataillon de la 3me. demi-brigade.

1er. Escadron du 2me. régiment de cavalerie.

Et 6 pièces de de campagne.

Le lieutenant général, satisfait de la répartition, que le général major van Guericke avoit faite de ces troupes, n'y fit aucun changement ; seulement le lendemain, il s'occupa de les concentrer d'avantage, ainsi que la bri-gade du général major ZUILEN VÀN NYEVELT, qui arrivoit successivement: cette brigade étoit composée des

1er. Bataillon de chasseurs.

1er. Demi-brigade.

1er. Bataillon de la 4me.

3me. Bataillon. de la 6me.

1er. Régiment } de cavalerie.
2 Escadrons du 2me.

1er. Régiment de dragons.

2me. Compagnie d'artillerie legère.

Et 6 pièces d'artillerie de campagne.

La division étoit presque toute réunie le 24, à l'exception de deux bataillons de la 1re. demi-brigade et des deux escadrons du 1er. régiment de cavalerie, qui d'après les ordres du général en chef, formoient une reserve à *Harlem.*

Ce jour là, le lieutenant général fit l'ins-pection de la côte et du pays, pour regler ses dispositions d'après le terrein , et les inten-tions de l'ennemi. La position, qu'avoit prise sa flotte, faisoit présumer , que ce seroit en-tre *Calendsoog* et le *Helder* , qu'il opéreroit son débarquement.

Un violent vent du sud-ouest, qui s'éleva après la sommation, avoit forcé la flotte angloise à gagner le large : mais elle avoit laissé des batimens legers, occupés à sonder la côte et l'entrée de la passe.

Le lieutenant général envoya le 25 le général major VAN GUERICKE au *Helder*, afin qu'il fût plus à portée de diriger les mouvemens de la 7me. demi-brigade, qui étoit campée près de *Huysduinen*, et qui formoit la droite de la division : il disposa le reste de troupes, de manière à ce qu'elles bordassent, le plus près possible, la grande plage aride, qui se trouve entre le *Helder* et le *Zyp*; et qu'elles pûssent la traverser rapidement pour se porter sur les points de la côte, qui étoit ménacée, et fit en conséquence une nouvelle répartition de sa division en lui donnant l'emplacement suivant:

L'aile droite, commandée par le général major VAN GUERICKE:

Emplacement.	Corps.	Forces.
Cantonnée au *Helder* et campés à *Huisduinen*.	7me. demi-brigad.	1. Bat. . . 617. 2. —— . . 534. 3. —— . . 664.
Cantonnés dans le *Weasingerwaerd*.	5me. demi-brigad.	1. Bat. . . 618. 2. —— . . 600. 3. —— . . 528.
Cantonnés au *Groet* et *Kleine Kieten*, dans le *Zyp*, à droite du *Kleine Zomerweg*, au nord du *Vaard*.	2me. Bat. de chasseurs. . . . . . 674.	
Cantonnés au *Helder* et *Huysduinen*.	1er. Rég. caval. 2 escad. . . . 211.	
A *Schagen* et aux environs.	—————— 2 escad. . . . 200.	
A *Schagerbrug*.	2me. Régiment de Caval. . . . 186. Artillerie legère, 2 compagn. . . 149.	

L'aile gauche soûs les ordres du général major VAN ZUILEN VAN NYEVELT.

Emplacement.	Corps.	Forces.
Cantonn's à *Harlem* et à *Alkmaer*.	1re. demi-brigad.	1. Bat. . . . 579. 2. ——— . . . 590. 3. ——— . . . 865.
Cantonn's à *Camp*, *Petten*, *Schoorl* et *Groet*.	3me. demi-brigad. 1er. Bat. . . 644.	
A *Koedyk* et à *Warmenhuisen*.	4me. demi-brigad. 1er. Batt . . 742.	
A *Borgen* et environs.	6me. demi-brigad. 3me. Bat. . . 686.	
Post's à *Calandsoog* et cantonnés le long du *Schager*, *St. Martin* et *Burgerweg*, occupant l'intervalle du *Bos* et *Belkmerweg*.	1er. Bat. de Chasseurs. . . . . 741.	
Cantonnés à *Brock*, *Zuid* et *Noordscharwoud* et *Oudcarspel*.	1er. R'g. de Dragons. . . . . . 488.	

Ainsi les troupes se trouverent placées de manière à pouvoir arriver promptement sur la côte, par deux grands debouchés; la 5me. demi-brigade par le *Zand* fur les deux *Keeten;* et toute la brigade du général major ZUILEN VAN NYEVELT, par *Calandsoog.*

Le lieutenant général rendit compte de toutes ces dispositions au général en chef, et lui rappela toutes les probabilités, qui faisoient conjecturer, que surement ce seroit la pointe de la Nord-Hollande, que l'ennemi choisiroit pour son attaque. Dès ce jour il l'invita de la manière la plus pressante, à organiser une puissante reserve de 15 à 20,000 hommes auprès de *Harlem,* composée de 9 bataillons d'infanterie françoise, et d'autant de bataillons de gardes nationales bataves; il pria le ministre de la guerre d'appuyer cette mesure, afin que cette reserve, promptement réunie, au centre de la république, se portât rapidement sur les points où l'ennemi descendroit et pût l'attaquer en force avant qu'il eut achevé son débarquement.

Ce jour, le lieutenant général avoit eu au *Helder* une longue conférence avec les officiers de la marine, le contre amiral STORY, les capitaines VAN BRAAM, CAPELLE, DE JONG, et KOLFF, étoient présents, tous assuroient, que malgré la batterie de la révolution, et toutes les dispositions, qu'on leur proposoit, ils ne pouvoient défendre l'entrée du *Texel*.

D'après ces assertions, le 24 Août, le lieutenant général écrivit à l'amiral STORY, pour lui proposer de faire couler bas quelques vieux batimens dans la passe, puisque c'étoit l'unique moyen de l'intercepter à l'ennemi, le commandant de génie KRAYENHOFF, assuroit que cette operation n'apporteroit aucun dommage à notre navigation. Les officiers de la marine adopterent la proposition: le colonel de génie travailla de concert avec eux à son exécution, qui cependant par des raisons, dont on ignore encore le motif, ne fut point achevée. (*)

Prèsque toutes les cartouches et munitions, qui étoient en magazins à *Horn* et *Alkmaar*, étant épuisées par la distribution faite à la division, le lieutenant général écrivit ce jour au ministre de la guerre,

---

(*) Le lieutenant colonel KRAYENHOFF, qui s'occupe d'écrire l'histoire détaillée de la campagne, éclaircira ce fait.

pous le prier de faire renouveller promptement ces magafins, par ceux de *Delft* et d'*Amersfort* et d'en établir une reserve à *Haarlem*.

Le 26 Août, dans la matinée, la flotte angloise parut en vue, venant du nord-est, courant au sud, jusqu'à la hauteur de *Petten*, où elle manœuvra pour prendre le vent, qui étoit à l'ouest, et vint jetter l'ancre entre *Huisduinen* et le *Groot Keetten*.

Cette flotte tenoit sur son front, près d'une lieue et demie d'étendue, et étoit fi près de la côte, que, son canon protegeant son débarquement, il étoit impossible d'exposer des troupes, pour disputer à l'ennemi le ftrand.

Sur tout ce front, les dunes se sont accumulées successivement, sur la base d'une ancienne diguë, disignée sur la carte par le nom de *Sand-Dyk* : elles sont coupées à pic du coté de la terre et ont une hauteur reguliere de plus de 50 pieds : elles descendent en amphithéâtre du coté de la mer, s'ouvrant par de grands intervalles et formant des vallées, entiérement exposées au feu de la flotte.

Ce terrein, qui nous interdisoit l'usage de la cavalerie et de l'artillerie, étoit tout à l'avantage de l'ennemi. L'emplacement, qui paraissoit lui offrir le plus de facilité pour son attaque étoit le point central de cette ligne de Dunes à l'endroit, où étoit placé le signal du télégraphe.

Le lieutenant général convaincu, que ce seroit sur ce point qu'il dirigeroit ses premiers efforts, craignit qu'un trop grand encombrement de troupes, au moment d'un attaque, qui surement seroit impetueuse, n'entrainât la confusion: il prit donc la résolution de refuser son centre pour attaquer l'ennemi sur les deux flancs aussitôt après son débarquement.

Il défendit, en consequence, qu'on n'accumulât un trop grand nombre de troupes, dans le poste du signal du télégraphe: il y plaça seulement le 1er. et le 2me. bataillons de chasseurs, recommandant expressement de faire survieller la côte et les mouvemens de l'ennemi, par des postes nombreux, mais très foibles; et de conserver ces bataillons, le plus possible, en masse, leur ordonnant de ceder en ordre au premier choc de l'ennemi, plutôt que de s'engager avec des forces supérieures: il plaça bien en arriere d'eux dans les dunes, le 2me. bataillon de la 5me. demi-brigade, pour soutenir leur rétraite.

Toute cette demi-brigade, sous les ordres du Colonel CRASS, dès le 26 au soir, quitta ses cantonnemens: les deux autres bataillons furent postés sur le flanc droit de l'ennemi, ayant la droite au *Groote Keetten* et la gauche a la mer, couverte par de hautes dunes.

Dans l'intention de pouvoir attaquer le flanc gauche de l'ennemi, le lieutenant général ordonna au général major VAN GUERICKE, de placer dans les dunes, en avant du camp de *Huisduinen*, le 1er. bataillon de la 7me. demi-brigade, ayant sa droite appuiée a la mer et la gauche prolongée du côté de la plaine.

Il plaça en échelon, dernière ce bataillon, à peu près dans la même prolongement, 5 compagnies du 3me. bataillon de cette demi-brigade: (les 4 autres compagnies formoient la garde des batteries de la révolution.)

Le 2me. bataillon fut placé dans le même prolongement, à la gauche du 3me., présentant un front oblique à la mer; et avoit avec lui 2 escadrons du 1er. regiment de

cavalerie et 4 pièces d'artillerie de campagne, qui deffendoient des ouvertures et des
chemins, qui, dans cet endroit, donnoient à
l'ennemi la facilité de deboucher des dunes.

La gauche de cette ligne devoit avoir
grand soin d'entretenir toujours ses communications, par la plaine, avec le colonel
CRASS au *Groote Keetten.*

Le lieutenant général recommanda au général major VAN GURICKE de rester dans
cette position jusqu'au moment, où il lui
feroit passer de nouveaux ordres pour l'attaque.

Par ces dispositions, le lieutenant général
couvroit entièrement la batterie de la révolution, et le *Helder.* Ce village est tout
ouvert, et la batterie, construite uniquement
pour défendre la passe, enfermée seulement
avec des palissades, pour être à l'abri d'un
coup de main. Tous deux ne sont suscep-
tibles d'aucune résistance. Les couvrir pendant le tems du combat; ordonner au général major VAN GUERICKE, au cas que
l'ennemi cherchât à forcer la passe, d'envoyer à la batterie tous les secours, qui se-
roient necessaires à sa défense, et au service

de son artillerie, étoient les seules précautions que la nature du terrein, que celle de
l'attaque de l'ennemi, rendissent possibles.

Le même soir, le lieutenant général donna
aussi des ordres, pour que toute la brigade du
général major Z u i l e n v a n N y e v e l t,
même les 2. bataillon de la 1re., qui étoient
restés en reserve à *Haarlem*, marchassent
pendant la nuit, pour se porter sur la côte.

Profitant de la beauté du tems et du calme
parfait de la mer, l'ennemi avoit fait tous les
préparatifs de son debarquement. Il avoit en
mer une immense quantité de chaloupes, et à
quatre heurre du matin, il avoit déjà jetté à
terre une force considerable, qui vint attaquer
impetueusement les chasseurs, postés dans les
dunes: malgré les intentions du lieutenant général, on les avoit, pendant la nuit, beaucoup trop dispersés.

Ces deux bataillons, attaqués par une force
superieure, n'opposerent qu'une très foible
resistance et se replierent dans le plus grand
desordre.

Le brave lieutenant colonel L u c k, vou-
lant par l'exemple de son courage retenir sa
troupe, s'exposa avec une audace qui lui
couta la vie.

Le 2e. bataillon de la 5me. demi-brigade, sous les ordres du lieutenant colonel HERBIG, peu intimidé par la fuite des chasseurs et l'approche des anglois, qui les poursuivoient en force, les chargea à la bayonette : malheureusement dans cette charge le brave HERBIG fut tué, et son bataillon, accablé par la perte de son chef et par la superiorité de l'ennemi se replia après avoir perdû beaucoup de monde : mais il fit sa retraite en ordre et la compagnie des grénadiers disputa encore longtems le terein dans les dunes. Les chasseurs les avoient abandonnés dans le plus grand desordre et avec la plus grande précipitation.

Le général Major VAN GUERIEKE, craignant que l'ennemi ne debouchât avec eux, marcha, avant d'en recevoir les ordres, avec les deux escadrons de cavalerie et le 2e. bataillon de la 7me., pour se raprocher du signal du télégraphe : et recueillit dans sa marche le 2e. bataillon de la 5me. brigade.

Le lieutenant général, rencontrant la tête des chasseurs, qui quittoient le combat, les rallia et les ramena au *Groot - Keetten*.

L'ennemi s'étoit déjà étendû jusqu'à cette hauteur, mais restoit toujours dans les dunes, sans se hazarder dans la plaine.

Ces dunes, très peu profondes et très iné-
gales, ne permettoient pas de placer plus de
deux bataillons de front.

Le lieutenant général ordonna au colonel
CRASS de disposer les deux siens pour l'attaque et forma une seconde et troisième ligne
des differents bataillons de la brigade du général major ZUILEN VAN NYEVELT, à
mesure qu'ils arrivoient.

Le terrein près du *Groot-Kcetten*, per-
mettant à l'artillerie de manœvrer, il fit soutenir l'attaque, qu'alloit faire le colonel CRASS,
par deux pieces d'artillerie legère, sous les
ordres du capitaine D'ANGUERAND.

Le lieutenant général plaça aussi les chasseurs, qu'il avoit ramenés, sur le flanc des
hautes dunes du *Sand-dyk* et ordonna de
commencer l'attaque.

Les deux bataillons de la 5ᵐᵉ. demi-brigade, sous les ordres du colonel CRASS,
la firent avec la plus brillante valeur et le
plus heureux succès : ils regagnerent plus
d'une demi lieue de terrein.

Le lieutenant général auroit desiré, que
dans ce moment l'ennemi fût aussi attaqué
sur sa gauche; mais la marche imprévue du

du général major VAN GUERICKE laissoit sans ordres et par consequent inactifs, les deux bataillons de la 7me., placés en avant de *Huisduinen*.

Ce général major, se trouvant alors dans la plaine en face du signal du télégraphe, avec le 2e. bataillon de la 7me. et celui de la 5me., qu'il avoit recueilli, le lieutenant général lui envoya l'ordre d'attaquer vigoureusement sur ce point pour faire une diversion, qui pût mettre le colonel CRASS à même de maintenir ses succés: mais de très grand fossés séparoient le général major VAN GUERICKE des dunes: obligés de faire de très grands detours, pour aller à lui, les ordres ne lui parvenoient que lentement; et ces fossés l'empechoient de les exécuter.

Ainsi les deux bataillons de la 5me. demi-brigade eurent à supporter tout l'effort de l'ennemi, qui envoyoit sans cesse des troupes fraiches à terre.

Ces bataillons, après leurs premiers succès, arrivoient sur un terrein beaucoup plus difficile, qui les forçoit de resserer leur front et empéchoit l'artillerie de les suivre. Le colonel CRASS, avec un très foible peloton, voulut essayer une charge de cavallerie : mais les chevaux, s'enfonçant jusqu'au ventre dans le sable mouvant, la rendit impossible.

Le lieutenant général fit soutenir successivement cette attaque, par le bataillon de la 3me., par le 3me. bataillon de la 1re., et par le 3me. bataillon de la 6me.: mais malgré la valeur, que ces troupes et leurs chefs montroient, elles ne faisoient que gagner et perdre alternativement du terrein, sans pouvoir parvenir à debusquer l'ennemi des dunes.

Privés de l'usage de notre cavalerie, nous étions reduits à un feu de mosqueterie très violent : et lorsqu'un bataillon avoit combattu quelques tems, la prodigieuse quantité de blessés et celle des hommes, qui étoient employés à les transporter sur les derrières, le reduisoient presqu'à rien et le forçoient à la retraite. Et quand par une attaque vigoureuse, ces braves bataillons regagnoient du terrein, ils arrivoient dans ces grands intervalles, ouverts du côté de la mer, qui exposoient leur flanc à tout le feu de la flotte, et les mettoient dans l'impossibilité de pousser plus loin leurs succès.

B

Ce combat, commencé à 4 heures du matin, se prolongea jusqu'à 6 heures du soir. Tant blessés que morts et égarés, il avoit déjà coûté à la Division 1400 hommes, dont 57 officiers.

Le lieutenant général, convaincû que ce seroit envain, qu'il voudroit chasser des dunes un ennemi déjà superieur en nombre, et soutenû par une artillerie aussi formidable que celle de sa flotte, ne voulut pas exposer inutilement sa Division, à une perte plus considérable.

Il prit, pour le reste du jour, une position au *Groot - Keetten*, et à l'entrée de la nuit, toute sa Division marcha, pour occuper la position du *Zyp*, ayant les flancs appuyés aux deux mers, la gauche à *Petten*, la droite à *Oude - Sluis*.

Dans la soirée du 27 Août, l'ennemi reçut encore un convoy de 80 voiles.

Par le resultat du combat, il étoit resté maitre des dunes entre *Calandsoog* et *Huisduinen:* il eut donc la facilité de continuer son débarquement.

Il étoit déjà maître du *Klein - Keetten* et ses forces s'augmentant à chaqu'instant, il alloit se développer d'avantage, en s'avançant dans la plaine ; et auroit coupé la seule communication qui restoit encore, par le *Koegras*, avec le *Helder* et *Huisduinen*, où les 2. bataillons de la 7me. demi - brigade étoient demeurés.

Les officiers de la Marine ayant assuré à plusieurs reprises, que la batterie de *la révolution* étoit inutile à la defense de la passe : et d'ailleurs cette batterie, n'étant point construite de maniere à pouvoir tenir garnison, une fois isolée, elle étoit impossible à défendre, le lieutenant général ne voulut donc pas s'exposer à perdre sans fruit ces deux bataillons de la 7me. qui infailliblement auroient été faits prisonniers, si l'ennemi leur avoit coupé le seul chemin, qui leur restoit pour faire leur retraite.

Le lieutenant général ordonna donc de l'executer ; ce qu'ils firent après avoir encloué tous les pieces de la batterie et vu la flotte batave se retirer pour prendre position sous le *Vlieter*.

Le 28 Août, l'ennemi occupé à continuer son débarquement ne tenta aucune attaque.

Le lieutenant général, ce jour examina la position qu'il occupoit et ordonna les ouvrages necessaires pour la fortifier autant que possible, contre les défauts sans nombre qu'elle offroit.

Cette position ayant cinq lieues d'un front oblique, étoit beaucoup trop étendue pour les forces de la Division, qui ne montoit pas à 8,000 hommes d'infanterie : la cavalerie étoit de toute inutilité dans ce terrein entrecoupé.

Sur tout le front de cette position, des augmentations de dunes, s'avançant dans la plaine, par angles inegaux, à très peu de distance de *l'également Sloot*, où étoit établie la ligne de défense, donnoient à l'ennemi la facilité de réunir de puissans moyens, pour attaquer avec succès son centre, où par la nature du terrein les troupes étoient trop dispersées.

Mais un défaut plus considérable exposoit la Division à une perte certaine.

La gauche appuyoit à *Petten*, et là les dunes et le strand étoient tout à l'avantage de l'ennemi.

L'armée angloise déjà près du double plus forte que la Division, renforcée encore par des chaloupes canonières et des batimens armés, qui pouvoient venir près de la côte prendre notre ligne à revers, étoit certaine d'un succès, si elle vouloit forcer la position de *Pet-*

ten, quelque précaution que prît le lieutenant général pour la fortifier.

Ce point une fois emporté, l'ennemi en marchant rapidement sur *Bergen*, se mettoit entre *Alkmaer* en le *Zyp*, et coupoit toute rétraite à la Division; surtout s'il avoit eu la précaution de rétenir ses forces, en multipliant les fausses attaques sur son front trop étendu.

Le lieutenant général, qui avoit réitéré ses instances les plus préssantes, pour l'organisation d'une puissante réserve, avoit la certitude, qu'il n'existoit encore sur ses derrières aucune réunion de forces, qui fût à même, de lui donner des secours pour le dégager.

Toutes les chances de succès se réunissoient donc en faveur de l'ennemi, s'il tentoit cette attaque: et le lieutenant général passa la journée du 28 dans les anxiétés cruelles, que lui faisoit éprouver le danger trop réel de sa position.

Ses inquiétudes étoient encore augmentées, par la difficulté qu'éprouvoit le transport des munitions de toute espèce. Le combat de la veille avoit épuisé toutes les cartouches: il ne restoit pas un coup de fusil à tirer.

24 heures s'écoulèrent avant que les munitions demandées au Ministre de la guerre pûssent être arrivées.

Le lieutenant général fit part au général en
chef de sa situation et renouvella encore ses
instances pour qu'il pressât l'envoy des renforts.

Le 29 Août des observations sur la côte
assuroient le lieutenant général, que pendant
les deux jours précédens, la flotte avoit reçû
de nouveaux batimens et qu'elle étoit forte
de 250 voiles : il étoit également certain,
que la constance du calme plat, qui regnoit,
avoit laissé à l'armée angloise la facilité d'o-
perer son débarquement presqu'en entier : enfin
il vit que l'ennemi s'avançoit sur tout son
front, et que ses batimens armés s'appro-
choient de *Petten*.

Un bataillon françois seulement venoit d'arriver à *Haarlem* et avoit dû rejoindre la
division ; mais il reçut contre ordre.

Le lieutenant général avoit donc la triste
conviction de ne recevoir aucun renfort et
de ne pouvoir empecher l'ennemi de percer
sur sa gauche. La seule inspection du terrein demontroit l'évidence du succès de cette
attaque, dont les anglois hatoient les préparatifs.

Plutôt que d'exposer sa Division à être coupée et à être par conséquent prisonnière ou detruite, le lieutenant général prit le parti de faire un mouvement retrograde, à l'effet de gagner une position plus sûre, qui en offrant une défensive facile, lui donneroit la possibilité d'attendre la réunion des forces, que le général en chef organisoit ; et il avoit le projet de choisir celle de *Monniken-dam* et *Purmerend*.

En consequence, le 30 Août, à 3 heures du matin, toute la Division se mit en marche et vint ce jour prendre position à la hauteur du *Schermer* ; la droite appuyée au confluent des canaux, près d'*Avenhorn*, et la gauche à *Alkmaar*. Le quartier géné-ral fut établi à *Schermerhorn*.

Le lieutenant général, apprenant que les troupes françoises étoient en marche ; que deux bataillons devoient arriver ce jour là à *Alkmaar*, et voyant, que la position, dans la quelle il se trouvoit, reunissoit à peu près les avantages qu'il recherchoit, arrêta son mouvement et se decida à la conserver. Il laissa sa droite, prolongée jusqu'à *Avenhorn*, dans l'intention de proteger de là l'évacua-

tion des magazins de *Hoorn*; mais aussitôt
cette operation achevée, il se proposoit de
la retirer, pour renforcer la gauche, d'*Alkmaar* à la mer: cet espace de terrein n'étant
encore occupé que par les deux bataillons
françois, qui venoient d'arriver.

Alors sa droite auroit appuyé a *Rustenburg* et sa Division étoit dans une position
presqu'inexpugnable, ayant un front resserré
et defendû par un canal large et profond,
qui, en enveloppant son flanc droit, se pro-
longeoit jusqu'aux grandes eaux près de *Harlem* et l'entouroit comme dans une place
forte.

La journée du 31 fut employée à ordonner et à exécuter les mesures, qui pouvoient
encore rendre cette position plus sûre.

Le lieutenant général ne borna pas ses
précautions à sa situation présente; il prés-
sentit, que l'ennemi, s'il en avoit l'audace,
pouvoit profiter du tems, qui devoit s'écou-
ler encore avant la réunion de l'armée françoise et batave, ou que d'autres chances
de la guerre, pourroient le mettre à même
d'inquieter *Amsterdam*: il pensa qu'il étoit
de la plus haute importance pour le salût

de la chose publique, de mettre la capitale à l'abri de tout danger, soit par eau, soit par terre.

Il ordonna en consequence au lieutenant colonel du genie, KRAYENHOFF, d'etablir par échelon, depuis *Monnikendam* et *Purmerend* jusqu'à l'Y, deux lignes de défense fortifiées par des ouvrages et des inondations: il ordonna aussi de construire sur les côtes interieures les batteries nécessaires à la défense de *Pampus* et fit engager la marine à s'occuper d'y placer des bateaux et autres bâtimens armés.

Quelqu'immenses et penibles, que fussent ces travaux, le lieutenant Colonel KRAYENHOFF s'acquitta de cette commission avec autant d'intelligence que de zèle; et bientôt le lieutenant général eut sur ses derrières deux positions presque inexpugnables sur lesquelles il pouvoit se retirer successivement pour couvrir *Amsterdam*.

Dans la soirée du 31 le général major DON, se présenta au quartier général, envoyé en parlementaire par le général ABERCROMBIE; chargé disoit-il, d'une mission auprès le gouvernement batave et demandant des passeports pour s'y rendre. Le lieutenant général, sachant que l'armée étoit loin encore de pouvoir être reunie, saisit avidement l'occasion que lui offroit le général major Don de ralentir l'attaque de l'ennemi, en retardant la reponse à sa demande: il lui declara donc, que ne pouvant lui accorder des passeports sans en avoir reçû l'ordre, il alloit envoyer consulter le général en chef, qui étoit à la *Haye:* ce qu'il fit; mais en l'engageant à retarder cette reponse jusqu'à l'arrivée des renforts .

Deux jours s'écoulèrent: et sur ces entrefaites les troupes françoises arrivoient successivement à *Alkmaar:* le général en chef y arriva lui même le 2 Septembre.

Le 3 Septembre, le général en chef fit l'inspection de toute la ligne, et d'après ses ordres, la Division commença, le soir même, son mouvement sur la gauche.

Le 4 elle l'eut entièrement achevé: *Avenhorn* fut évacué; et la droite appuya à *Rustenburg* et la gauche à *Coedyk.*

Le 8 Septembre, les troupes, sous le commandement du lieutenant général Du-MONCEAU, arriverent à *Alkmaar:* et l'armée batave réunie fut partagée en deux Divisions.

Pous les rendre égales en force, le lieutenant général fit passer dans celle du lieutenant général D U M O N C E A U:

Toute la 7me. demi-brigade.

Le 3me. bataillon de la 6me.

Et le 1er. regiment de cavalerie.

Il reçut en échange:

Le 3me. bataillon de la 4me.

La Division du lieutenant général D U-
M O N C E A U forma alors le centre de l'armée
françoise et batave, et celle du lieutenant
général la droite.

Par ordre du général en chef, elles for-
merent des avant gardes composées chacune
de 2 bataillons de chasseurs et des compagnies de grénadiers, réunies en bataillons.

La Division D U M O N C E A U occupa la position du *Coedyk* et son avant-garde fut pos-
tée à *Schoreldam*.

La Division du lieutenant général occupa
celle de *St. Pancras* et eut son avant-garde, sous les ordres du colonel C R A S S, pos-
tée à *Outcarspel*, un des villages contigus,
qui forment le *Langendyk*.

Le 9 Septembre au matin, l'ennemi pous-
sa une forte découverte sur ce point: un pe-

loton de 20 hommes de sa cavalerie legere vint temerairement charger, à la tête du village, le poste de chasseurs, qui avoient élevé de legeres baricades pour se couvrir. Les chasseurs tirerent sur cette cavalerie presqu'à bout portant : prirent ou tuerent douze chevaux et autant d'hommes : le reste prit la fuite : toute la reconnoissance de l'ennemi fit sa retraite, sans avoir pû pénétrer dans le village.

Le 9 Septembre au soir, le général en chef donna à toute l'armée, l'ordre d'une attaque générale ; et ayoit assigné à la Division, pour la sienne, le village d'*Eenigenburg*, où elle devoit forcer et s'emparer de la digue.

En exécution de ces ordres, le lieutenant général se rendit à son avant-garde : et à 2 heures du matin, il la mit en mouvement, sous les ordres du colonel CRASS.

A 4 heures, elle s'étoit déjà rendue maîtresse de *Heerencarspel* et *Dirxhorn* : elle s'avança sur *Eenigenburg*, pour y former son attaque ; mais tous les chemins étoient occupés par la Division du lieutenant général DUMONCEAU, brigade du général major BONHOMME, qui ne trouvant point la route indiquée dans son ordre, et qui effectivement n'existoit pas, fut obligé de s'emparer de celle, par où devoit arriver la Division du lieutenant général. Ne pouvant alors développer ses forces qu'en appuyant sur sa droite, il fut forcé de renoncer à l'attaque d'*Eenigenburg*, pour faire celle de *St. Martens*.

Les commencemens de cette attaque fûrent heureux: déjà l'ennemi avoit abandonné un rédan, qu'il avoit à la tête du village: le lieutenant général après avoir fait taire le feu d'artillerie ennemi se disposoit à emporter le reste de sa position de vive force, lorsqu'il fut prévenû par le colonel CRASS, que quelques bataillons de la brigade du général major BONHOMME, après avoir fait une charge malheureuse sur la digue d'*Eenigenburg*, se réplioient en désordre. Cet événement força le lieutenant général à ralentir son attaque: Il se porta rapidement à sa gauche, pour retenir les chasseurs qui suivoient les bataillons du général major BONHOMME dans leur retraite: Il les rallia une lieue en arrière de la position et les réconduisit sur le terrein.

Le général major BONHOMME alloit réprendre son attaque : le lieutenant général rétourna aussi diriger celle de *St. Martens*; mais il s'apperçut, par la direction des feux, et des rapports lui confirmerent, que sur la gauche on n'avoit pas encore fait de progrès.

Le général major BONHOMME, après une seconde tentative, n'avoit pû non plus pénétrer sur la digue près d'*Eenigenburg*; alors le lieutenant général craignant de trop s'engager, en dépassant la hauteur de la division du lieutenant général DUMONCEAU; se borna à maintenir ses premiers avantages, dans l'esperance de réçevoir des nouvelles du succès de l'attaque sur *Petten* et de nouveaux ordres du général en chef.

A deux heures et demi, il vit que le feu sur toute la gauche avoit entièrement cessé et que l'ennemi faisoit filer une colonne considérable sur la droite pour la tourner : alors certain que le combat avoit fini sur toute la ligne, pendant que lui seul continuoit encore son attaque, il ordonna la retraite.

Elle se fit dans le plus grand ordre, quoique l'ennemi cherchât à la troubler, en attaquant son arrière garde et son flanc droit sur *Dirxhorn*; mais tous ses efforts n'aboutoient qu'à incendier le village avec ses obuses.

La perte ce jour là, tant tués que blessés ou égarés fut de 150 hommes.

Le lieutenant général eut beaucoup à se louer de la conduite de la 1re. demi-brigade, dont deux bataillons commencerent l'attaque sur *St. Martens* avec la plus grande vigueur: Il doit aussi les plus grands éloges à la compagnie d'artillerie legère, commandée par le capitaine d'Auguérand et son adjudant Maas, ainsi qu'au souslieutenant d'artillerie van Alphen. Ces officiers, dès que l'attaque fut ordonnée, firent un feu très nourri et porterent avec audace leurs pièces en batterie jusqu'à 100 toises des rétranchemens ennemis.

Trois heures après la retraite, lorsque toutes les troupes étoient dispersées dans leurs cantonnemens et que la nuit commençoit à tomber, un sergent des chasseurs, payé surement par des malveillans, s'écria, que la cavallerie angloise étoit entrée dans le *Langen-dyk*, et massacroit tout ce qu'elle y rencontroit.

Ces villages formant un defilé de plus de deux lieues d'étendue, il étoit impossible de verifier sur le champ la fausseté de cette nouvelle, qui inspira facilement la terreur à des troupes fatiguées, surprises sans armes, dans

, un moment de repos et dispersées dans les mai-
sons: elles s'enfuirent en désordre et se pres-
soient en foule pour sortir de ce defilé et arriverent comme un torrent jusqu'à *St. Pancrass*,
où heureusement le lieutenant général avoit
ètabli son quartier général; il fit prendre sur
le champ les armes à un bataillon de la 5ᵐᵉ.
demi-brigade et sa présence suffit pour rétablir
l'ordre: mais une partie des fuyards avoit pé-
nétré sur les derrières, jusqu'au parc d'artillerie, où ils effrayerent les chartiers, qui s'enfuirent avec leur chevaux jusqu'à *Alkmaar*;
d'autres jusqu'à *Haarlem*, où ils porterent la
même alarme denuée de tout fondement.

D'après l'autorisation du général en chef,
le lieutenant général prit des précautions les
plus severes, pour punir les auteurs de cette
terreur panique et empecher qu'elle pût se renouveller.

Dès ce moment, le lieutenant général s'occupa sans relâche de remedier aux inconve-
niens sans nombre qu'offroit sa position.

Le lieutenant général devoit occuper les
quatre villages de *Oud-Carspel*, *Noordfchar-
woude*, *Zuid-Scharwoude* et *Broek*: ces
villages, en formant un defilé étroit, n'of-
frent

, rent pas, sur toute leur longueur, un seul emplacement, où l'on puisse developper huit hommes de front: un canal assez profond les couvre sur tout le flanc droit, mais l'ennemi, posté au *Nieuwdorper verlaet*, maître de tous les chemins, qui aboutissent sur ce canal pouvoit facilement tourner cette position.

Ainsi soit qu'il forçât la tête du defilé, soit qu'il attaquât sur ses derrières, toutes les forces placées dans une position si dangereuse, étoient exposées à une perte presque certaine, si l'on ne trouvoit moyen de mettre ces villages à l'abri d'une surprise ou d'une attaque de vive force : pour parvenir à ce but, on devoit faire des ouvrages aussi nombreux que difficiles.

Le lieutenant général fit couper tous les chemins et tous les ponts, qui aboutissent au canal, qui couvroit son flanc et y fit construire des batteries, pour empêcher l'ennemi d'en deboucher. Il fit aussi élever des demi rédoutes pour défendre la tête d'*Oud-Carspel*.

Quelque zêle que mirent les officiers de genie, quelque activité que mit le lieutenant

général lui même pour presser la confection
de ces ouvrages; malheureusement ils n'é-
toient point achevés lorsque l'ennemi vint
attaquer le 19 Septembre.

Trois digues venoient se réunir en avant
d'*Oud-Carspèl*, et l'une d'elle la plus considérable, conduisant à nos retranchements,
formoit à 60 toises sur leur front une pa-
rallelle des plus exactes.

Le lieutenant général n'avoit pas eu assez
de tems pour faire raser cette digue, et ni-
veler une espace aussi considérable de terrein.

A la pointe du jour le 19 Septembre,
l'ennemi venant de *Dirxhoorn* par cette digue
se présenta devant *Oud Carspel*: l'adjudant
général DU RUTTE et le colonel CRASS,
qui commandoient les avant, postes, s'étoient
déjà rendus dans les rédoutes.

A cinq heures et demie du matin le jour
fit découvrir la tête de la colonne ennemie,
forte de plus de 6000 hommes: elle étoit
composée de la division toute entière du
lieutenant général JAMES PULTNEY: nos
postes se relevant à cette heure à l'avant garde, indépendamment de chasseurs, il s'y

trouva heureurement deux bataillons, que l'adjudant général DU RUTTE et le colonel CRASS rétinrent, en faisant avec beaucoup d'intelligence les dispositions nécessaires, pour bien recevoir l'ennemi.

Il s'avança audacieusement en colonne serrée pour charger sur nos retranchemens.

Les deux braves officiers, qui viennent, d'être nommés, donnèrent dans cette circonstance aux troupes l'exemple du courage et du sang froid. L'infanterie à leur demande, monta sur la banquette de la redoute, pour faire son feu et recevoir l'ennemi: l'artillerie attendit la colonne a 30 pas de distance et lui tira plusieurs coups de mitraille avec tant de précision et de justesse, qu'elle fût entièrement culbutée et se retira dans le plus grand désordre, se jettant sur les flancs de la digue qui élevoit ainsi un retranchement naturel en sa faveur et la mettoit à l'abri de notre feu.

Dans cette première attaque l'ennemi perdit infiniment de monde, entre autres le capitaine ODONNELL et un colonel qui furent blessés et fait prisonniers.

De notre côté, l'adjudant général DU RUT- TE fût aussi legèrement blessé et lui et le co- lonel C R A S S eurent tout leur habillement cri- blés de balles.

Révenu de son prémier désordre, l'ennemi continua son attaque : il plaça des pièces d'ar- tillerie sur la digue, et son infanterie, qui étoit logée derrière à très peu de distance de nos ré- tranchemens encore imparfaits, tuoient beaucoup de monde et spécialement de nos canon- niers : mais ces braves militaires, tirant toujours avec la même constance et la même adresse, démontèrent deux pièces à l'ennemi et incen- dièrent ses caissons.

L'ennemi, en rénouvellant ses battaillons, osa une seconde et troisiéme fois former des têtes de colonnes pour s'avancer encore sur les ré- tranchemens : elles fûrent toujours culbutées par notre mitraille et l'ennemi, découragé, rallen- tit son attaque.

Ii étoit dix heures, et le lieutenant général crût voir par la direction des feux, que l'en- nemi faisoit des progrès assez rapides sur la gauche : Il s'étoit assuré, que les villages de *Warmenhuizen* et *Schoreldam*, avoient été emportés de vive force : il apprit aussi que le lieutenant général DUMONCEAU avoit été blessé: alors craignant, que sa division ne souffrît de son absence et ne fût attaquée par des forces superieures et confiant dans les excellentes dispositions que montroit son avant-garde, qui étoit dans l'emthousiasme de ses prémiers succès, le lieutenant général crut pouvoir se dégarnir de toutes les forces, qu'il avoit à son camp de *St Pancras*.

Il envoya à la division DUMONCEAU, sous les ordres du général major ZUYLEN VAN NYEVELT, deux bataillons, le regiment des dragons et 4 piéces d'artillerie légère, et il mit en réserve un bataillon près d'*Alkmaar*.

Il couvrit avec le reste des troupés sa droite, et ses derrières jusqu'à *Schermerhoorn*, et craignant, que l'ennemi ne marchât sur *Monnikendam* et *Purmerent*, il ordonna à un bataillon s'il étoit nécessaire de se jetter dans ces deux postes, qu'on travailloit à rétrancher.

Les progrès de l'ennemi sur la gauche, alloient toujours croissant. Profitant de l'évacuation de *Warmenhuizen*, il envoya pour renforcer la division de PULTNEY un bataillon des gardes et un du 5^{em}. regiment. Cette colonne fila à travers les prairies, qui bordoient la gauche de nos rétranchemens.

On n'avoit pas eu le tems de faire des inondations, pour augmenter l'eau des canaux, dont ces prairies sont coupées: d'ailleur les rapports des paysans affirmoient, que ces canaux avoient plus de 7 pieds de profondeur: cependant cette colonne trouva moyen de les franchir et vint déborder tout à coup la gauche de nos rétranchemens.

Le colonel CRASS et l'adjudant général DU RUTTE, sentirent le danger de la position: connaissant la difficulté de la rétraite, qu'ils avoient à faire à travers un défilé de deux lieues d'étenduë, ils délibérèrent entre eux, s'ils ne la commenceroient pas de suite; mais réflehissant, qu en se maintenant à *Oud-Carspel*, ils opéroient une grande diversion dans les forces ennemies, et les empêchoient de pousser plus avant la pointe, qu'ils avoient faite sur la gauche, qui par là an-roit plus de facilité à reprendre ses avantages, ils résolûrent de tenir jusqu'à la dernière extrémité, au risque même d'être forcés d'abandonner leurs canons.

Le lieutenant général, qui étoit allé un

instant à *St. Pancrass*, pour faire partir les renforts, qu'il envoyoit à la division Du-MONCEAU, reçut la nouvelle, que la gauche commençoit à obtenir des succès, et le général major BONHOMME le fît prévenir, qu'il alloit attaquer avec vigueur *Schoorl-dam*, et l'invitoit à faire une diversion en attaquant aussi de son côté.

Il retourna à la tête d'*Oud-Carspel*, au moment ou la colonne, qui avoit débordé la gauche de nos rétranchements, après avoir reçu un feu terrible de notre artillerie, avoit entièrement disparuë: on la croyoit en rétraite: deux pièces de l'ennemi étoient restées démontées sur la digue et paroissoient abandonnées: l'adjudant général DU RUTTE proposa de faire une sortie en avant de nos rétranchemens, pour aller s'en emparer; et de former une attaque vigoureuse pour seconder celle du général major BONHOMME.

Le lieutenant général résistant à cette ardeur, ne voulût consentir qu'à détacher une centaine de grénadiers pour tâter l'ennemi.

A peine se fûrent-ils portés en avant, que l'infanterie angloise, toujours cachée derrière la digue, en sortit avec impétuosité et

les chargea avec vigueur : la colonne qui
étoit entrée dans la prairie sur la gauche,
et qui au lieu de se retirer, s'étoit mise
à plat ventre dans les grains, pour éviter
le feu de notre artillerie, reparût tout à
coup, et marcha à grands pas sur notre
flanc.

Des deux côtés nous étions approchés à
15 toises de distance, quoique les coups de
mitraille de notre artillerie fissent disparoî-
tre des pelotons entiers. Nos grenadiers,
alors se trouvant environnés de feu, se repliè-
rent en desordre, par dessus les rétranchements, embarrassèrent en partie la manœuvre
des pièces, qui furent forcées de ralentir leur
feu. Pour comble de malheur, dans ce moment l'avant-train d'une d'elles, s'incendia
dans la rédoute et brula presque tous nos
canonniers.

l'Ennemi profitant de ce désordre, entra
pêle mêle avec nos grenadiers, et par ce
coup hardi et imprévu se rendit maître de
nos rétranchements.

Forcés de les abandonner subitement, la
retraite se fit à travers du long défilé du

Langendyk avec autant d'ordre que possible ; mais nous souffrimes beaucoup du feu de l'ennemi, qui nous poursuivoit avec ardeur, et les troupes postées dans les batteries de débite, quoiqu'averties, ayant mis de la lenteur à gagner le village, se trouvèrent ainsi coupées et faites prisonnières.

La compagnie des grenadiers du 1er. bataillon de la 1re. demi-brigade, que le lieutenant général avoit placé en réserve à *Broek* à la queue du defilé, arrêta l'ennemi, et ce bataillon prenant une position en avant de *St. Pancrass*, avec les 3 compagnies de grenadiers de la 4me. demi-brigade, les anglois n'osèrent pas déboucher.

Peu de tems après, le lieutenant général, apprenant que la gauche continuoit à remporter des avantages considérables sur les russes, d'après les ordres du général en chef fit ses dispositions pour reprendre le *Langendyk*, où le bataillon des grenadiers pénétra à la nuit tombante. L'ennemi l'évacua avec la plus grande précipitation : nous lui fîmes une centaine de prisonniers, dont quatre officiers et toute une ambulance : nous rétrouvâmes non seulement toute

l'artillerie, que nous avions été forcés d'a-
bandonner dans nos batteries ; mais nous prî-
mes encore ses deux pièces, qu'il avoit lais-
sées sur la digue.

Dans cette journée, l'ennemi laissa sur le
champ de bataille plus de 500 morts, nous
perdimes environ 1600 hommes, mais la
pluspart fûrent fait prisonniers.

Le lieutenant général eut à regretter la
mort du brave major STAMFORD, du 1er.
bataillon des chasseurs et de capitaine GRAB-
NER, officier de son état-major et surtout
celle du capitaine HERLITZ du 1er. bataillon de chasseurs, officier d'un merite dis-
tingué.

Quoi qu'un coup inattendu nous fit éprouver dans cette journée, un moment de revers, jamais le lieutenant général n'eut tant
à se louer du courage et de la constance
des troupes, qui par l'opiniâtreté de leur
résistance ont forcé même leur ennemi à
faire leur éloge. (*)

Depuis cette journée le lieutenant général

(*) voyez le rapport du duc de YORK en
date du 20 Septembre.

s'occupa constamment de perfectionner les ouvrages, qui défendoient sa position.

Afin de pouvoir exercer une surveillance plus active, pour diriger ces travaux et assurer de plus en plus sa position, le lieutenant général transporta son quartier général à *Broek* le 27 Septembre, et l'ennemi restant dans l'inactivité jusqu'au 2 Octobre, il lui laissa le tems de la rendre entièrement inexpugnable.

Ce jour l'ennemi attaqua toute la ligne : à 6 heures du matin, il tenta sans succès trois differentes attaques sur nos rétranchemens.

La digue avoit été applanie ; de grandes inondations nous couvroient, et lui rendoient impossibles les approches, qui lui avoient été si favorables le 19 Septembre, et le feu supérieur de nôtre artillerie arrêta tous ses efforts.

Ne pouvant pénétrer ni sur le front, ni sur la gauche de la position, il parvint à cinq heures du soir à placer sur la droite des pièces de gros calibre et des obusiers, qui jouèrent jusqu'à la nuit.

Le lieutenant général confiant dans la force de sa position, se dégarnit encore de s bataillons de la 1re. demi-brigade, de sa compagnie d'artillerie legère et d'un escadron du regiment de dragons, pour les envoyer à la gauche, qui paroissoit avoir besoin de puissants renforts.

Ces trouppes se conduisirent de manière à mériter les éloges des généraux français sous les ordres desquels elles furent employées cette journée et les suivantes: car elles restèrent separées de la division jusqu'au 12 Octobre.

Dans la journée du 2 Octobre, le lieutenant général n'eut que 15 hommes de blessés, il conserva sa position jusqu'à trois heures du matin, heure à la quelle il eut ordre du général en chef de faire sa retraite sur *St. Pancrass*, d'où, par de nouveaux ordres, il la continua sur *Purmerend* et *Monnikendam*. Malgré la longueur et la difficulté des chemins, cette retraite s'opéra dans le plus grand ordre, et sans la moindre perte.

Les ouvrages que le lieutenant général avoit ordonnés pour la défense de cette position, n'étoient point encore entierèment achevés: il y fit travailler avec la plus grande activité, et employa les journées du 3, 4 et 5 Octobre à prendre toutes les précautions, qui pourroient l'assurer sur son front et sur son flanc droit, qui appuyoit au *Zuiderzee*, et qui pouvoit être inquiété par les batimens ennemis.

Le 6 Octobre, il étoit allé faire une inspection sur sa gauche, pour de là se rendre chez le général en chef, lorsque l'ennemi attaqua à *Castricum* et à *Bakkum:* il ne fit aucune tentative sur la division du lieutenant général, mais il chercha vraisemblablement à la paralyser pendant l'action, en lui envoyant encore une fois le général major D o n en parlementaire. Il fût reçu pendant l'absence du lieutenant général, qui, dès qu'il fût inftruit de son arrivée, donna ordre, qu'on le fit conduire à fon quartier général, et qu'on le considerât comme prisonnier de guerre.

Jusqu'au 9 Octobre le lieutenant général s'occupa constamment de faire completer ses ouvrages. Le 9 au soir se trouvant à *Monnikendam* il reçut ordre de marcher sur *Hoorn.*

La division formée sur deux colonnes,

l'une partie de *Monnikendam* et l'autre de *Purmerend* entra dans cette ville le 9 au matin.

Le 10 le lieutenant général eût ordre de continuer son mouvement, et de marcher sur *Winkel*: il devoit attaquer ce village, que l'ennemi défendoit avec des forces nombreuses, sous les ordres du prince WILLIAM DE GLOCESTER.

Les trouppes, que le lieutenant général avoit fait passer à la gauche le 2 Octobre, n'étoient pas encore rentrées à sa division: il était aussi sans cavallerie et sans artillerie legere, et pour former son attaque sur *Winkel*, il n'avoit à sa disposition que 4 bataillons d'infanterie et un bataillon de chasseurs.

Arrivée à *Opmeer*, son avant-garde fut attaquée par un escadron de cavalerie, qui vint audacieusement charger la tête de la colonne, mais les chasseurs, distribués à droite et à gauche du chemin, lui firent plusieurs décharges, qui le mirent en déroute et firent prisonniers un officier et environ 20 hommes, et prirent 13 chevaux.

Les debris de cet escadron s'enfuirent avec

l'infanterie jusqu'au village d'*Eerstwoude*, ou le lieutenant général la fit sur le champ attaquer, et la força à se replier jusque dans les retranchements de l'ennemi sur la digue de la mer derrière ce village.

La longueur et la difficulté des chemins empêchèrent le lieutenant général d'arriver devant cette position et celle du *Langereys* avant 3 heures après-midi ; mais il désiroit les forcer avant la fin du jour : il fit sur le champ trois attaques, l'une sur la droite contre les retranchements sur la digue et les deux autres contre les ponts, du *Langereys*.

Celles de gauche et du centre, furent nécessairement lentes, parce que l'ennemi avoit eu soin de couper les ponts et de défendre les approches derrière la digue ; d'ailleurs le lieutenant général ne voulut point brusquer ces deux attaques, qui auroient été meurtrières : il aimoit mieux attendre le succés de celle, qu'il avoit ordonné sur la droite.

De ce coté, l'ennemi croyoit s'être mis à l'abri, par deux grandes coupures, qu'il avoit fait à la digue du *Zuiderzee* à une grande

distance de ses positions et d'un retranchement, garni d'artillerie qui défendait ces coupures. Avec beaucoup de peine, et par les plus
affreux chemins l'artillerie legère conduisit un
obusier sur la digue et l'infanterie debusqua
les postes, qui défendoient les coupures, sur
lesquelles on jetta promptement des ponts.

A peine eût on lancé quelques obuses
dans les retranchemens ennemis, qu'ils furent abandonnés, avec la plus grande précipitation; mais la nuit, qui étoit presque
entièrement tombée et les difficultés, que
nous rencontrions à rétablir les ponts sur le
canal du *Langereys*, nous forçèrent de ralentir notre attaque, et l'ennemi eut le tems
d'évacuer *Winkel*, dans lequel nous entrâ-
mes a 8 heures du soir, n'ayant pu faire
que 6 prisonniers.

L'Occupation ſde *Winkel*, forçant l'ennemi d'évacuer le *Nieudorper Verlaet*,
le lieutenant général se hâta, de rétablir ses
communications avec la division du lieutenant général D U M O N C E A U, qui fit occuper ce poste.

S'étant porté à la hauteur de *Winkel*, le
lieutenant général donna ordre au général
major

major Zuylen van Nyevelt d'en-
voyer une garnison et de l'artillerie à *Enck-
huizen* et *Medenblik :* les anglois qui avoient
encore des batimens dans ces deux ports y
faisoient évacuer nos magazins.

L'arrivée de nos trouppes les délivra non
seulement du pillage de l'ennemi , mais de
l'incendie ; car les anglois, avant de se réti-
rer , avoient mis le feu aux magazins de la
marine et à plusieurs vaisseaux à *Medenblik* ; dans cette dernière ville la garnison,
parvint à l'eteindre , et les habitans d'*Enk-
huizen* arrêterent l'incendie dès son commen-
cement.

Le 12 Octobre le lieutenant général porta
sa ligne en avant de *Winkel* jusqu'à *Lutle-
winkel* et le *Boeresluys.*

Dès ce moment le lieutenant général s'occupa sans rélache des ouvrages nécessaires
pour fortifier sa position , mais sur tout de
préparer tous les moyens pour l'attaque ,
qu'il comptoit avoir à faire sur *Colhorn* , ou
l'ennemi commençait a se retrancher.

Le 13 il fut instruit par le général en chef
que le duc de York demandoit à capituler.

Le 18 cette capitulation fut conclûe et publiée.

D

Depuis ce tems sa division est restée inac-
tive dans sa position, jusqu'à l'exécution des
articles de cette capitulation, et jusqu'au moment où elle a reçu l'ordre de prendre ses
quartiers d'hiver.

Le Lieutenant-Général,

DAENDELS.

On trouve égalément chez le Libraire
I. VAN CLEEF.

Précis des évènémens et opérations Histo-
riques et Militaires des armées Franco-Batave
et Anglo-Russes, sous les ordres du général BRUNE et le duc D'YORK, dans la
campagne de la Nord-Hollande, gr. 8º,
2 parties complet à 14 sols.